© *2019, Daniel Boch – Valentin Preiss – Olivier Stifter*

Editions : BoD – Books on Demand
12/14 rond-point des Champs Elysées, 75008 Paris
Imprimé par BoD – Books on Demand, Allemagne

ISBN : 9782322189854

Dépôt légal : décembre 2019

Au rebours du poème…
Spicilège du temps compté

Les écrits de l'Eveillé tome 2

Un silence anthropophage
Ronge l'être qui se tait
Une parole avide
Déchire l'être qui n'est que mots
Le royaume du sage est au seuil des périls
D'où il reçoit et est reçu
Seigneur mendiant, aux portes de la ville

Nous irons marcher la lisière
Sur le littoral de l'espace et du temps,
Rideaux tirés sur les fenêtres de l'oubli.
Nous ne nous laisserons pas défigurer
Par le grand tapage des fabriques de la terreur !
Entends-tu le bruit de fond ?
Qu'y a-t-il donc au fond du bruit ?
Les déchirures qui font lambeaux
De nos âmes ?

Qui ose encore se pencher sur ce que notre époque foule ?
Qui soutiendra jusqu'au bout le regard de la honte ?
Qui dénudera le cadavre des choses pour le baigner de larmes ?
Qui déchirera en riant le voile de la mort ?
Qui exhumera la question des anciennes vallées ?

Un enfant insouciant connaissant son matin …

Tu mens poète, tu mens si bien que tes mots te démentent

Tu n'es plus le gamin qui frissonnait d'esprit,
voleur à l'étalage de métaphores sans mots,
qui rendait en riant ses châles à la nuit.

Tu œuvres dans l'ignorance de ce que tu dis connaître,
tu mens, oh tu mens si bien,
artisan rêveur de ta vie de papier.

Tu habites le quai du train de tes images :
Si ton désir te mène sur la colline que l'hiver a blanchie
et que, l'ayant gravie, enfin tu te retournes,
tu te sais resté au seuil de ton rêve,
tu sais que ta colline s'est enfuie dans la nuit.

Tes traces dans la neige ne sont la preuve de rien.
Ainsi tes vers tristes.
Ainsi tes mots chagrins.

Un oisillon depuis peu abandonné à son beau nid douillet,
se trouva un jour bien désemparé.
La faim venant, il entreprit de quitter son nid
mais fit par inadvertance,
de son arbre habitat une chute lourde de conséquences.
Par terre il fut flanqué, dans le froid et l'humidité.
Prisonnier de ce froid glacial,
de toute son âme, il cria.
Un gros bœuf non loin de là
entendit l'oisillon et s'approcha de lui.
Saisi d'une profonde compassion
pour la grelottante créature,
le bovidé lui offrit en guise de couverture,
une bouse bien chaude et généreuse.
Puis satisfait de son action vertueuse
s'en retourna brouter dans la froidure.
L'oisillon n'eut guère loisir de remercier
le donateur généreux de tant de chaleur !
La bouse l'avait submergé et son odeur
l'incommodait.
Il se débattit et cria tant qu'il put
dans l'espoir d'être enfin secouru !
Un loup à proximité accourut,
le délivra de son manteau de bouse
et l'engloutit d'une seule bouchée.
Ainsi l'oisillon apprit bien trop tard
pour son plus grand malheur,
que dans la vie, ceux qu'on croit nous venir en aide
ne le font pas toujours pour notre bonheur.
Et ceux que l'on croit nous en sortir,
le font bien souvent pour notre malheur.

Asphalte en salves de ciment lave
Sang noir du temps jaloux
Cire de nos villes chandelles
Aux paupières de la terre

Et partout les tours
Laides endormantes

Au balcon gris un homme s'ennuie et son œil morose assassine les choses.
Les couleurs fuient l'étreinte de ses yeux
Comme des enfants qui crient
Quand la marée s'étire pour saisir leurs chevilles.
Il songe, hagard :

« Il n'y aura pas de terme à la nuit. Il n'y aura pas d'aube.
Le soleil lui aussi m'a menti, sa lumière est une pommade de charlatan.
Il n'est pas le roi dont je sentais l'édit derrière mes paupières closes.
Les jours ? Coups d'œil fébriles d'un berger au troupeau trop vaste.
Ce n'est que le vent qui gonfle la toile des costumes des êtres.
Toutes les coques sont vides et les fruits pourris.
Ma vie n'est que le crédit d'une fausse rumeur. »

Ainsi pense-t-il, les dix doigts dans sa plaie pour en extraire son cœur.
Et ses soupirs immenses ne chassent aucun nuage.

Bienvenue mes frères, en ce lieu où vous êtes déjà.
Bienvenue chez vous !
Bienvenue dans le rang !

Nous sommes des mondes en rang, casques sur la tête et visières baissées. Ils nous ont dit que les casques étaient gratuits et obligatoires alors les têtes ont enfilé les casques, puis les visières ont sectionné leur cordon ombilical comme une mâchoire.

Maintenant comme des bouées sans amarres les têtes flottent dans le bain de l'air.

Maintenant notre Terre vue du ciel ressemble à un petit pot compartimenté de nourriture pour bébé.

Et le gros bébé bâfre avec bonheur la purée dans son auge.

Dans ces sociétés que l'on dit « modernes » et qui prônent la vie « à tout prix », n'est produit que la mystification de nos morts volés, le cadavre de la démocratie dans toute sa splendeur. On nous bombarde jour et nuit du récit de futiles amourettes pour mieux nous éloigner de notre essence première qui est amour profond et réel de l'être.

Nous sommes disloqués dans le paraître.

Las Las Las / Soudain la masse enfouie du disparu se retourne et nous voici sur la crête du navire renversé / On Qui donc parle derrière ce On commode à ne croire parler de personne Alors que là là là voilà / Souffrances derrière un mot lâché tout craquelle retour des vieilles rancœurs enfantines quand l'enfant / Ici en tyran s'impose et impose ses injonctions et désirs sans limites du moment que du moment où qu'il / Mange proprement Joue proprement Parle comme il faut parler Dors quand il faut dormir Mais Violence / Est là de retour derrière la croûte du convenu Toutes plaies rouvertes à vif les plaies le Cœur s'emballe / la Voix s'emporte Personne ne voulait dire ce qu'il dit et répond et dire du dit de l'autre pour un petit rien / les guerres ce sont toujours des petits riens qui ne sont pas rien qui sont justement ce quelque chose que l'on ose / Nommer autrement que par un rien ce qui est craint d'être nommé Qui infecte radicalement ce temps que J'aurai /Voulu de joie/ Las / TraLas / Tralala / La la…

Regardez
Nous vous offrons la puissance de paraître

La publicité je veux dire la décomplexion de vos grincements
Et dans les vitrines de si beaux enfants vous sourient

Confiez-nous la clef de la manufacture de vos jours
Nous saurons nous montrer industrieux
Laissez-nous vous servir
Vous avez peur du noir ? Nous vous vendrons des veilleuses
Séchez vos larmes elles font pousser de mauvaises herbes
Nous avons des pilules
Le triste est un malade à l'heure de la joie

La vérité naît du caprice
Elle est cachée dans les statues
Brisez les statues nous vous vendrons les cordes
L'immobile est un maître dont nous vous libèrerons

Indignez-vous
Dans l'espace prévu à cet escient
Indignez-vous

Vous n'êtes que poussières ? Nous vous additionnerons
Et vous serez Dieu
Laissez-nous vous servir

J'étais dans la foule et le fou se moquait :

« Qu'ai-je à faire de vos pensées synthétiques, de vos tristes moquettes
qui chatouillent si mal l'esprit ?
Vous piétinez le fond d'une cuve sans grappes.
Vous êtes si drôles que c'en est écœurant. »

La foule rieuse criait :

« Chante nous donc une autre chanson !
Tu piétines comme un âne que son cynisme engraisse.
Laisse-nous la croyance des lendemains meilleurs.
Tes paroles stériles ne pressent pas plus de vin. »

« Je presserai vos mensonges comme des fruits dans l'antre de mon cœur.
Je me saoulerai du vin de vos mesquineries
Pour enfin vomir ma haine et pouvoir vous aimer. »

« Vos poignards en toc, mâchoires d'ombre qui ne mordent que l'ombre,
ne bernent que les fous.
Mais je suis l'ombre…qui crie « *Tu quoque filii* »
J'ai attrait aux lames qui me blessent car elles existent par moi.
Je suis le crime et l'agonie car ma substance est de reflets.

LE CAPITAL FAIT PARLER LES MORTS ET FAIT TAIRE LES VIVANTS

Enfin, il est entré, bien costumé, bien profilé et formaté,
Le majordome à l'Elysée.
Ses maîtres l'ont placé, l'ont délégué,
Par l'élection fort bien rodée,
Les tout-puissants désincarnés !
Et l'opinion, fruit du mensonge
Et de la crédulité ont engendré
Le majordome, le bon valet !
Il sera là, président, pendant cinq ans,
Entité nécessaire du pouvoir des grands.
Enfin, il sera remplacé par l'ombre
De sa duplicité,
Pour faire que l'ordre règne à jamais
Sur nos mémoires brisées,
Le majordome de l'Elysée !
Mais ne vous y trompez point,
Le bon petit valet président
Est le symptôme et non la clef…

C'est précisément parce que je n'ai aucune
intelligence spécifique
qu'il m'appartient de faire l'effort
de comprendre

Dans la cacophonie du chant démocratique
semblait voguer Dame Politique.
Les écuries de fidèles et les secrètes chapelles
firent en chœur au chaos la part belle.
Et Dame la Mort non loin de là
prit connaissance de tout ce fracas !
- Que de faux bruits à encombrer les ondes,
se dit-elle, pour une bien vieille moribonde !
Mais l'artifice des faux enjeux,
fit appendice d'un nouveau feu,
et les élus, les parvenus établirent,
sans jamais trop en dire,
de Dame Politique le devenir.
Cette jacasserie d'ici et de là
de mélopées en faux débats
fit gloire et république.
Les foules qu'on manipule
et qu'on saoule sans scrupules
croyaient fort que Dame Politique
vivait encore !
Mais Dame la Mort
On ne peut la duper !
Et qu'à rester dans le paraître
ce qu'on aime le moins à apprendre,
c'est ce qu'on a le plus intérêt à connaître.
Dame Politique depuis fort longtemps déjà
avait été menée à son trépas !

Aère ton sanctuaire, poète !
De ta mémoire
forge la poignée d'une porte.

Je suis une ruse, il n'y a de place que pour moi-même
Mes édits fusent et je remplace vos rois blêmes
Obsolète est ton soucy mec, c'est Hamlet versus high-tech
Laisse-moi gérer ça, essaie ma beretta

J'ai des serpents dans la bouche et le regard en biais
Et pour rester discret des milliards de billets
Tu peux pas cacher ton cash mais ton cash peut te cacher, c'est le principe
C'est le principe de la propagande de nier qu'elle en est une
L'archétype se fait sur commande donc il faut qu'il y ait des thunes
Et tu finis mis à l'amende si tu contractes l'habitude
De critiquer comme un crevard ingrat mes créances mes dépenses pour ta panse
qui me coûtent un bras

Un pognon de dingue frérot

Un pognon de dingue frérot

Je t'infuse les oreilles de bobards mon lascar
J'te perfuse la cervelle de berceuses grosses camass
T'es libre si tu traces ma route, si tu fais c'que j'dis
T'es libre si tu crames ton doute, si t'étouffes tes cris
T'es comme un chewing-gum sous la table j'te mâche,
   j'te crache, je m'attable
Balance-moi tous tes potes, je t'invite à dîner
Byzance est à la porte de l'indic attitré
J'suis le big daddy, j'ai le big data, tous les avides biglent
J'leur fous la bague au doigt
Je chie de l'or je vous jure venez me lécher le trou de bal
Pour les porcs ? confiture! alors apporte ton bocal
Si tu croques pas dans la pomme j'te fais craquer dans ton somme hey
Si tu fais l'anorexique, direction la porte exit
Y a toujours à becqueter pour les mecs qui quêtent de quoi croquer mais
Pas de croquettes pour les coqs qui caquettent et font les coquets

Je suis une ruse, il n'y a de place que pour moi-même
Mes édits fusent et je remplace vos rois blêmes
Obsolète est ton soucy mec, c'est Hamlet versus high-tech
Laisse-moi gérer ça, essaie ma beretta

Comme un seigneur sans visage,
Je sonne l'heure du mirage
J'investis contre l'esprit,
Inventif j'me contredis
Je me délecte ma dialectique est pipée, comme des dés,
t'es déçu ?
La science est ma jument elle
Me lance au firmament
Je suis la tour babylonienne
J'essuie l'amour sous mes semelles
J'amoche vos gosses leur fous des cerveaux dans la poche
Moi, Gavroche j'l'aurais fait jouer à Candy Crush,
ça a l'don d'calmer les mioches

Ah ? Oui ? J'oubliais !

Si la terre est une orange lâche l'affaire c'est ma propriété
Si lacéré d'une offense mâche tes fers c'est mon autorité
Je suis le marchand, j'ai volé l'orange ouais
Accusé relaxé, je laisse aux chiens la besogne
Amusé à l'excès, je tiens la laisse mes bulls grognent
Cherche même pas à comprendre
J'sais qu't'aimes pas qu'on t'commande
Mais tu suis bon gré mal gré
On n'arrête pas le progrès

Je suis une ruse, il n'y a de place que pour moi-même
Mes édits fusent et je remplace vos rois blêmes
Obsolète est ton soucy mec, c'est Hamlet versus high-tech
Laisse-moi gérer ça, essaie ma beretta

Quand je serai grand, je veux être l'homme
Qui bosse toute sa vie et qui trouve ça bien
Qui traite de pov'es types ceux qui se révoltent
Et qui font la grève quand ils crèvent de faim

Quand je serai grand, je serai bête de somme
Fier de ma personne et de mon décorum
Je fustigerai les pauvres et encenserai les puissants
Et peut-être bien serai élu pour demain

Quand je serai grand, je serai le crac
Du jeu de grattage, du loto et autre tric et trac
Je ferai sauter le taux de banque du CAC 40
Et promotionnerai le PMU vers l'FMI !

Refrain :
Quand je serai grand, je veux être con
Beaucoup plus con que mon grand-père
Qui était chef de wagon et qui avait perdu la guerre
J'aurai des décorations ! On dira :
Tiens v'là l'autre con !
Et s'il y en a un qui confond…
Quand je serai grand, je veux être con !

Meeeeeeeeehhh !
Il aura eu sa fête, le mouton, au parc du grand marché !
Si commun en surprises attendues,
à brouter l'herbe convenue, et à bêler la rengaine du grand abattoir,
parmi le pétard festif des illusions actives,
le vin toxique des saouleries sans mémoire…

Meeeeeeeeehhh !
Il aura eu sa fête, le mouton, au parc du grand marché !
sans voir derrière la façade des lumières,
l'intérieur vide et creux effondré étages par étages,
du grand palais du progrès en ruines !

Meeeeeeeeehhh !
Il aura eu sa fête, le mouton, au parc du grand marché !
Toujours : Au gui l'An Neuf !

Mais soudain,
Le tracé bifurque, le regard prend couleur et pertinence,
la pensée se met en mouvement !
Le voile se déchire !
L'An dit Neuf vole en éclats !
Et le mouton de se dire :
« Ça ne se passera pas, comme ça !! »

Nous sommes des nuages d'idées superposées,
Des reflets de reflets d'intelligence.
Ecoutez cet homme : il ne cesse de se répéter
De répéter ses nuages d'idées :

Un désir de l'être d'être par lui-même,
Comme le rêve de celui qui chute est d'agripper une main.
« Je » est un golem de nuages d'idées.

Il se meut dans un ciel qui reste en lui-même sans nuages,
Le sourire de l'esprit est une haute voûte.
Il est des pensées qui sont des petits rayons
Pris dans le golem de nuages
Comme en un écrin.
Les doigts capturent la flamme, éteignent la bougie.

Reste la fumée,
Odeur que « Je » cherche à comprendre.
Poème fumée de quelque chose qui a eu lieu.

Le poème…

Pense-bête de nos égarements !
A vouloir fuir sans cesse,
plus de *Holzwege* – chemins de traverse – possibles ?

Alors… rassemblement de soi
assemblée de brebis égarées
à brouter l'esprit d'une île !
Là où vibre l'Être au tic-tac
du temps suspendu du silence
qui ne vibre que du silence !
Abgeschiedenheit und zugleich Gelassenheit
Se déprendre et à la fois se laisser être…

A quel prix quelles armes aujourd'hui ?
Quand les mots-tiques s'ancrent
toxiques jusqu'à l'endémie
dans nos esprits, nous infusent
le fatras du slogan en guise
de pensée…

Le Poème…

Nous sommes en guerre.
Je revendique la violence radicale du pacifiste
pour accueillir au grand soleil la Vieille Taupe
enfin de retour !

Nous serions hommes
Verticaux Debout
Chacun inspirant
sa colonne d'air
expirant au souffle
de l'esprit
Verticale à penser
ce qui arrive du jour
Dehors la nuit
Aguerris à l'obscur
nous serions chercheurs
de l'exacte lumière
dans le maquis urbain
des mausolées du progrès

Nous serions hommes
assis sur les marches
du kiosque à musique
de l'Histoire
Parmi le brouhaha
des accords désaccordés
Parmi la cacophonie
du parlé-chanté des voix
du grand spectacle-monde

Nous serions oreilles bouchées
pour entendre la voix
celle du propre de chacun

qui en chacun s'élève
en exigence aiguë
en radicale intelligence
Nous serions hommes debout
marchant l'indépendance de nos pas
faisant muscle de nos jambes
centrale active de nos cerveaux
à inventer notre chemin
pas à pas
en dépit des vents torrides
des bises glaciales
Icebergs errants de l'Histoire
en défi des toutes petites
et si grandes vanités
de la gestion gesticulatoire
du grand parcage humain
des grimaces en apnée
du frelaté des apparences

Nous serions hommes
ouverts à l'exactitude
des gouffres du temps
à l'étude sans fin
en alerte sans oubli
veillant à ce qu'en nous
respire indéfectible
l'élégance d'être
Homme !

Jardinage fébrile
Un chat sans moustache
Ne fait que des ronds
Une main sans science
Entretient le massacre
L'océan sans phare
Est la tombe du marin

Je n'ai de ma langue ce nom
Qui serait ancre jetée
En travers de l'océan
Pour arrimer encore
Au môle de l'extrême jetée
Le caboteur des fantômes
Le crachoteur du fret
des récits frelatés
Et du commerce
des âmes mortes...

Je puiserai la matière du vent
Voile levée de haute lisse
Mât rimant en girouette !
Rien ne s'arrache au temps.

Donne-moi à penser ce nom
à le dire comme chant retrouvé
qui en longue frange filée
court l'aléa liquide du littoral.
Littéralement,
Mot à mot...

Mot de sable strié
du temps arrivé de la tempête...
Mot de falaise que dévore la vague montée
si prévisible imprévisible
à faire barrière
Poème littoral
Sens toujours neuf au gré inlassable
des vents et marées
sans clôture face au grand rire
de la toujours plus haute vague océane...

Le temps ruisselle sur les jours sur les nuits,
Les voix solitaires arpentent l'espace de vies
Criardes et creuses ;

Le temps ne fait plus rivière, ne fait plus fleuve.
Il s'est ensablé sous les dunes, les paludes de l'avoir ;
Le temps est loin du littoral aux délices déployés
des promesses toujours renouvelées ;

Le temps de l'estran est suspendu
L'image de la vague déferlante a débordé l'écran
Jusqu'à aveugler nos regards
Jusqu'à boucher nos oreilles
Jusqu'à dissoudre nos cervelles.

Le temps du hasard a fui à grand bruit de casserole.
Le nécessaire fait figure de nécessité.
Ecran ! Pour qu'advienne la grande parade
Des couleurs planétaires du grand marché.

Le temps de l'estran est mort
Et la vague est restée en ressac de pierre !

Ma tristesse est un disque, une terre plate au bord de laquelle je m'assois quelquefois

Les pieds dans le gouffre, la tête penchée, un regard abîmé
qui ne voit que lui-même
Crusoé prisonnier de rivages psychiques

D'autres fois encore j'ôte mes pieds du vide pour fouler une terre
aux saveurs de néant
Mes yeux baissés devinent des ombres à la dérive
cerfs-volants mutilés qui ne s'attachent à rien
Des reflets maquillés des mirages insolents dessinent
le faux relief de cette morne lande
Plus lisse que l'ennui
Plus désespérante encore que la plus calme des mers
car ici la surface ne masque pas de profondeurs
Mes pas mesurés comme des rations maigres portent un désir
que je ne reconnais pas
qui me fut intimé comme un supplice lent
Alors la lame lancinante du sentiment de l'absurde
taillade la foule des ombres sans mettre fin à rien

Et c'est dans le pouce de ma mémoire
cette éternelle charpentière de navires qui sombrent
qu'elle tranche au plus vif

Je marche et je me noie dans ce vide solide, je suis le pantin de l'artiste endormi, je suis la façade de mon être effondré, je suis le soupir de ma mort d'hier, je suis un livre d'images à la reliure de vent, je ne suis plus là : c'est un magnétophone

Et ses échos d'échos de mots que je pensais…

Et ses belles idées décrépies comme Hélène

Qui fondent lentement en épousant le vide.

Ne me reste-t-il alors rien d'autre à faire que de me bercer du compte de mes pas ?

Ne me reste-t-il rien d'autre que d'accepter d'être un pastiche du temps ?
Ne me reste-t-il rien que de me dissoudre en vain ?

Je crois soudain comprendre que l'absurde
est le singe de ma suffisance
Et qui charitable bouffon de la cour des Signes,
m'introduit à ses maîtres
Je vois alors, enrobés de vide, de petits cœurs qui battent.
Et ce sont d'infimes brasiers dans lesquels quelque chose de moi
entre comme par une porte
Laissant sur leurs seuils, tel un manteau d'hiver
Et la mort des choses et le vide et la nuit.

Au carrefour des tessons
de nos vies au mirage
des âmes numériques
anges volatiles
aux lèvres sans parole
au regard en ruine
nous sommes en pots
sans fleurs
tissés encore du mensonge
à donner corps et voix
à l'hymne d'un lendemain
chemin de pierres muettes

La porte s'est entr'ouverte au délice des aubes.
Le silence s'est tu, la nuit a perdu ses ailes.
Ne courons pas trop le tort et le travers,
marchons la mesure de nos sens à l'éveil,
tenons le pas à la fois ferme et dansant !
Laissons nos esprits courir les extrémités lointaines
de ce qui court au-delà de nous-mêmes !
Laissons au hasard la vie belle
et au nécessaire l'espace seul
du nécessaire…
Il y a de ces légèretés du souffle
qui inspirent l'être de profondeur,
et nous offrent
l'entr'ouvert du jour levé,
l'ébloui de la vie
volubile !

Toute splendeur ne s'écrit pas
La densité de vivre irradie
Cet éblouissement
qui n'a pas de nom
pour être celui qui n'a pas de nom

Ce n'est pas de mots que nous manquons
pour être
C'est qu'il est vain d'en inventer
pour dire de ce regard l'ébloui
Le regard même de l'absolu
éblouissement

Le désir est une caravane d'intrigues murmurantes
Qui sillonne, masquée, un désert, de sa soif sans elle oublieux.
Monstres, pétales, échos de ce qui ne fut jamais, de ce qui sera peut-être
Une foule de promesses ivres, éternelles marchandises.
Soudain le désert n'a plus assez de lui-même pour danser sous le vent
Serait-ce son cœur sous la dune qui bat ?
Un bibelot enterré, relique d'un passage ?
D'un très ancien désir ?

Vivre au creux. Vivre en creux.
Au creux de tous ces trous inaperçus
Que défoncent le temps et son usure !
En creux s'est déchiré le corps de l'être,
L'intime lacéré.

Une veine court palpitante
qui s'appelle amour
secrète et ouverte
au battement de l'intime

À cette table-là, faite de clous et de bois
Je me sentais ravi, de la voir chaque fois
Déposer à son coin une bouteille
de rhum
Apaisant bien des soirs, mon sombre cœur d'homme
À boire dans mes baisers, les gouttes d'ivresse
S'écoulant, ruisselant en elle, comme perles de tristesse
Elle écoutait le cri de mes larmes mortes
S'empressait d'être là, pour que folie ne m'emporte.
Je trouvai réconfort à perdre
dans ses yeux
La fraîcheur enivrante de ces nuits
de mille bleus !
Envie,
Sens cette étreinte te tirailler
Maudit,
Ton cœur ne cesse de batailler
Piégé,
Tes maladresses en camisole

Aimer,
Ta flamme ne put en être folle
À cette table-là, faite de clous et de bois
Je meurs lentement, perdant âme
à son bras
Les yeux en éveil, laissant amèrement couler
De mes songes égarés, tout de rhum imprégné
Les dernières gouttes d'ivresse
de mon écume funeste.

Au jardin de toutes ces fleurs
de l'absence où même l'herbe
dite mauvaise a renoncé de croître.
Elles sont là, ces fleurs,
simplement là, elles sont
et personne ne les voit !
Si discrètes en leur présence
Si violentes en leur absence
à en crever les yeux
à confondre le regard
à faire entendre
cette étrangeté muette
de ce qui fut et ne sera
jamais plus…

Je serai depuis longtemps passé. J'aurai disparu quand toi, le non encore né, tu liras cette lettre.

Sois sans souci, elle aura la légèreté des choses mortes, un parfum que le temps aura tôt fait d'éventer. Mais pour le moins laisse-moi revendiquer le fil, la filiation de ce qui t'aura fait naître : mon regard, l'infinitésimal de mon regard à te désirer, à désirer le croisé d'une histoire.

Tu seras le né – crois-moi – de la pupille dilatée du temps que cette missive tend à suspendre. Toute profération serait vaine à vouloir dire l'événement de la violente et opaque clarté de nos regards foudroyés au coup de l'infini. Tu auras déjà su avant de naître. Tu te seras mis en route. Ton dos seul aura encore fait le clin d'un regard de fièvre muette. Tatouage d'une brûlure. Même si tu sais n'avoir été que passant. Tu seras passé. Et d'avoir imaginé ton regard sur le quai par une soirée de grande solitude avoir croisé le silence tonitruant de ton regard, m'est une de ces fêlures irréparables en mon corps, en mon âme. Je sais que tu cours à ne cesser d'advenir, amant d'étincelles et de grâce. Tu apprendras à exercer ton esprit aux grands dérangements de l'âme. A sécher les larmes. Adviens comme tu pourras.

Monsieur Pouce-Pied se prélassait
bien ancré sur son natal rocher,
quand soudain au détour
d'une houle,
il aperçut une superbe moule.
Elle était là, plantée, désenchantée
par le flux et le reflux.
Le pouce-pied bien téméraire
l'apostropha d'un ton salutaire :
« Mais que faites-vous donc là, beau fruit de mer ? »
« Je ne le sais, beau crustacé ! »
lui répondit la moule charmée et ravie,
« Mais si vous le permettez,
nous pourrions un brin causer ! »
Le pouce-pied répondit : « Oui ! »

Et c'est depuis ce passage,
contre vents et marées,
que sur le rivage
**l'Amour prit forme
d'héritage.**

Le matin baigne dans le regard
engourdi de la lumière
J'aimerais que mes mots grandissent
ce qui palpite en moi
J'aimerais faire le récit d'une trame
sans gestes

Tu veux faire de moi, L'EURYDICE, la captive, l'épinglée, la suspendue. La sirène du fleuve sans retour. Tu m'as fait porter la robe tombée du soir. Lourde de ton histoire d'ORPHEE ! Non de la mienne ! Je suis l'ivre papillon vertige s'ébattant au vide. Je suis sans lieu sans dieu. N'entendez-vous pas ? Ma voix crie muette Elle n'ensorcelle plus le chemin qui mène à l'humanité. Elle valse solitaire, elle gicle en rafales. Elle gifle l'asservissement des oreilles à l'unique !

Non, je ne resterai pas une ombre dessinée au gré de ton regard. Je ne serai pas gris fantôme diaphane, errant aux enfers des asphodèles. Tu ne m'étrangleras pas avec la corde du cri assassin de ta lyre. Je suis plus vaste que ta voix, plus innombrable que ton regard, je suis la nuit généreuse aux hanches profondes. Je suis la sombre luminance, je suis ombre en cheveux de lumière, je suis la fiancée cosmique de la grâce.

Je danserai sur les ruines de ta petite histoire où tu ne m'as que trop mêlée. Je serai le dénuement sans plainte, l'ironie de celle qui n'est pas encore advenue, mais toujours déjà présente. Je ne me dissoudrai pas dans le gris du purgatoire. Je n'imploserai pas en pur paysage. J'ai trop approché le soleil pour taire la brûlure des mots d'ombre qui me hantent. Ravale la complainte de ton amour perdu. On ne fait pas l'amour comme on se mouche.

Je danserai la ruine de nos gestes d'amour qui firent de toi jadis un homme et de moi une femme. Dans la mémoire joyeuse des vivants. C'est toi qui a besoin de moi, du souffle de ma voix d'ombre, du scintillement de mon absence. Tu te l'es rêvé tout seul. Ça. Ton enfer. De me croire vérité au travers de ta seule voix. On ne fait image d'aucune vérité. Sors de la caverne de ton regard, je ne suis pas ta passe en chambre d'apparences!

Je suis l'insurgée dont tu as confisqué la voix qui ne s'est jamais tue. Je suis voix de reine déchirée entre l'enfer des ombres et les saisons dorées. Je suis événement. Présence absolue de ce qui sera. Je ne m'effacerai pas dans la lumière ancienne. J'enfourcherai la déferlante qui vient. L'horizon est derrière moi. Mon histoire, c'est moi qui l'écrirai. En pas dansé de la plus haute solitude. Garde pour toi l'extase du rien qui te fut simulacre du tout.

Ton regard est trop étroit pour aimer. Reste sur le seuil. Détourne-toi. Tu ne sauras jamais comment me regarder pour me voir. Je danserai avec moi-même mon ombre et ma lumière. Je serai l'insoumise absolue de la chambre claire. De la chambre noire. J'ai pris le parti de n'être qu'une image. Une image que jamais tu ne sauras faire tienne même au plus étincelant de tes rêves. Je suis à jamais le saisissement et l'évanouissement du même. Surgissement.

Longtemps ce matin j'ai appelé le poème.
Le fier animal ne s'était pas approché,
Quand, lentement, comme l'onde que les eaux sèment
Abreuvent un peu les bords arides du rocher

Me parvint l'écho dont de rares mots jaillissent.
Comme la majesté dont le suprême don
Est d'effleurer des mains l'offrande que lui font
Ceux qui versent leur vin dans l'infini calice,

Ainsi mon désir fut reçu puis fut rendu.
Sa substance reste semblable au lent soupir,
Mais révélé à soi, comme pierre fendue.
Il a la forme d'un mirage qui respire.

Toi à qui jamais je n'écrirai de ce lieu
de densité joyeuse de l'éphémère
L'impossible rencontre
 où nous nous sommes encore mépris
Epris certes Mépris l'un l'autre
Notre histoire sera de n'avoir jamais d'histoire
Nos baisers auront l'impact de l'instant
Instant sur l'infini Ouvert l'inconsolable de l'éphémère
 là où
Nous avions cru l'éternité de notre étreinte
Ô Ami que puis-je attendre entre De moi-même
Pour toi De toi-même pour toi
Je m'écoule
En longue plainte de gris ciel Je t'attends
Trop rêvé attendu que tu fusses Rien
Jamais n'a lieu pour Rien de vous tous
Aimés du premier au dernier jour bientôt
Proche Chaque fraction de nos
Gestes Chaque syllabe de nos paroles

Porter ses lèvres à la coupe

de l'encore,

du toujours

et du déjà

Accepter d'être instant

Peut-être est-ce la coupe qui boit ?

Je porte en moi cet autre
à naître toujours
à toujours advenir
en l'humble de soi

Parole autre sans calcul
Horizon plus vaste que tout penser
ne saurait s'imaginer
Sourire d'océan
à caresser le ciel
à butiner le miel
du couchant levant
soleil

Je porte en moi l'indomptée
pulsation du combat perpétuel
des anges qui hantent nos mémoires
lourdes mais closes
à force de dénis

Il me reste l'imperceptible
battement de leurs ailes
la légèreté de la pensée profonde
le vol sublime à naître
A être

Être en paix, quelque peu,
quelque part, peu importe
Atteindre l'ampleur
de ce qui se sait petit
Extraire l'orgueil du silence
et des mots
Parler et se taire à l'identique
pour dire l'advenu
qui ne saurait être autre
Une présence
comme un cri de silence
inaliéné
Que mille soleils
ignorent

La plume, en fin filet,
déverse ce que la pensée puise
distille ce que le regard sonde

                              Pensée, regard… Cette vigne toujours
                                          s'irrigue de son eau
                                              En soi et par soi
                                              s'abreuve l'assoiffé

Ecrire en funambule dans l'indifférenciation
de ce qui est ceci, de ce qui est cela
Humer un peu le Tout comme un parfum passé
Etre ou ne pas être, là n'est pas la question

                              L'encre est amarre dans les mers pensives
                              L'encre est voile au seuil des portes océanes

Timeo hominem unius libri

Je crains l'homme d'un seul livre

Thomas d'Aquin

À propos

Orages, Ô des espoirs !

Il y a des propos qui sonnent faux
d'autres qui fendent l'air à la faux
d'autres qui claquent avant, un peu tôt
d'autres trop tard, sans fard, un peu ballot
et puis il y a ceux-là, des propos à crocs
à cran, avec cran, hors écran, à six mains
un trio !

Un texte anthropophage qui coupe au cimeterre
les idées dans le vent, dans l'air du temps et les enterre
pour que naissent, au-delà des oripeaux d'un monde où tout se clique
et se brique, où l'on reçoit indifféremment la pensée,
le vide, le pudique et le lubrique
sans réel choix, sans réel effort, sans plaisir réel, sauf celui d'un virtuel,
infini, sans horizon.
Pour que naissent, au-delà de cette ligne de flottaison,
pas un autre cercle vicieux,
pas un autre cercle vertueux,
mais un autre qui, par paresse, sommeille
qui, fugace, ne se saisit pas, mais éveille !

Le cercle de l'Éveillé.

Au rebours du poème…

Spicilège du temps compté

Ce recueil propose un chemin de lecture élaboré en commun par le Cercle de l'Eveillé à partir des écrits de :

Daniel Boch – Pages 2, 9, 21, 23, 24, 25, 27, 28, 31, 32, 34, 35, 37, 38, 41, 42, 44, 46

Valentin Preiss – Pages 1, 3, 4, 6, 7, 8, 10, 11, 15, 16 à 19, 22, 26, 29, 30, 33, 40, 43, 45, 47, 48

Olivier Stifter – Pages 5, 9, 12, 13, 14, 20, 39,

avec les contributions de :

Gillian Stifter – page 36

Mathieu Boch – page 50

Conception – mise en page :
Claude Journu, plasticien de l'image

Contacts :
Daniel Boch – bok43.dani@gmail.com
Valentin Preiss – valentin.preiss@laposte.net
Olivier Stifter – olivier.stifter@laposte.net
Mathieu Boch – boch.mat@gmail.com
Gillian Stifter – gillian.stifter@outlook.fr
Claude Journu – claude.journu@gmail.com